MY MIND IS AT PEACE

1-

2-

3-

4-

5-

*USE DIFFERENT COLORS

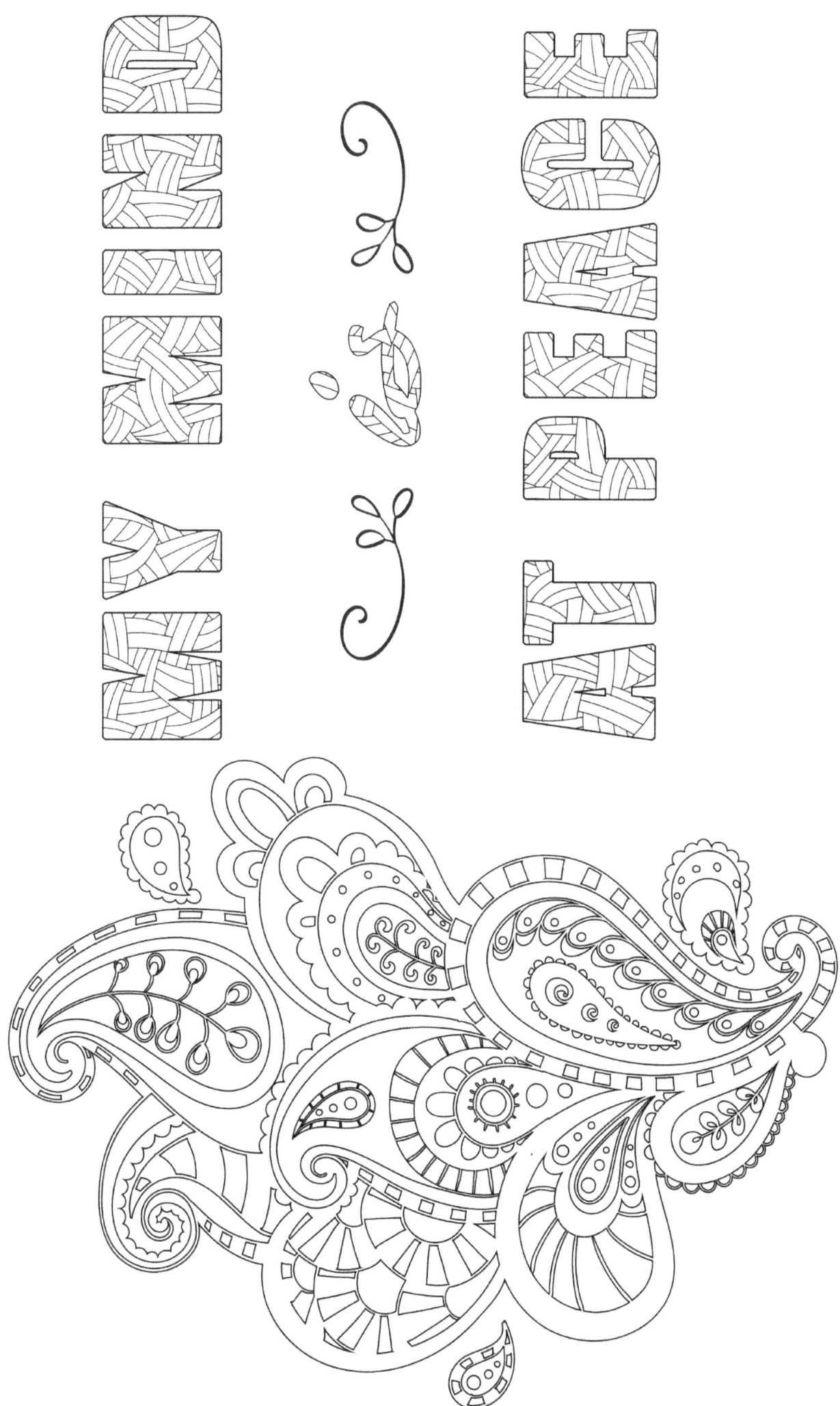

MY MIND IS AT PEACE

i think quickly

1-

2-

3-

4-

5-

*USE DIFFERENT COLORS

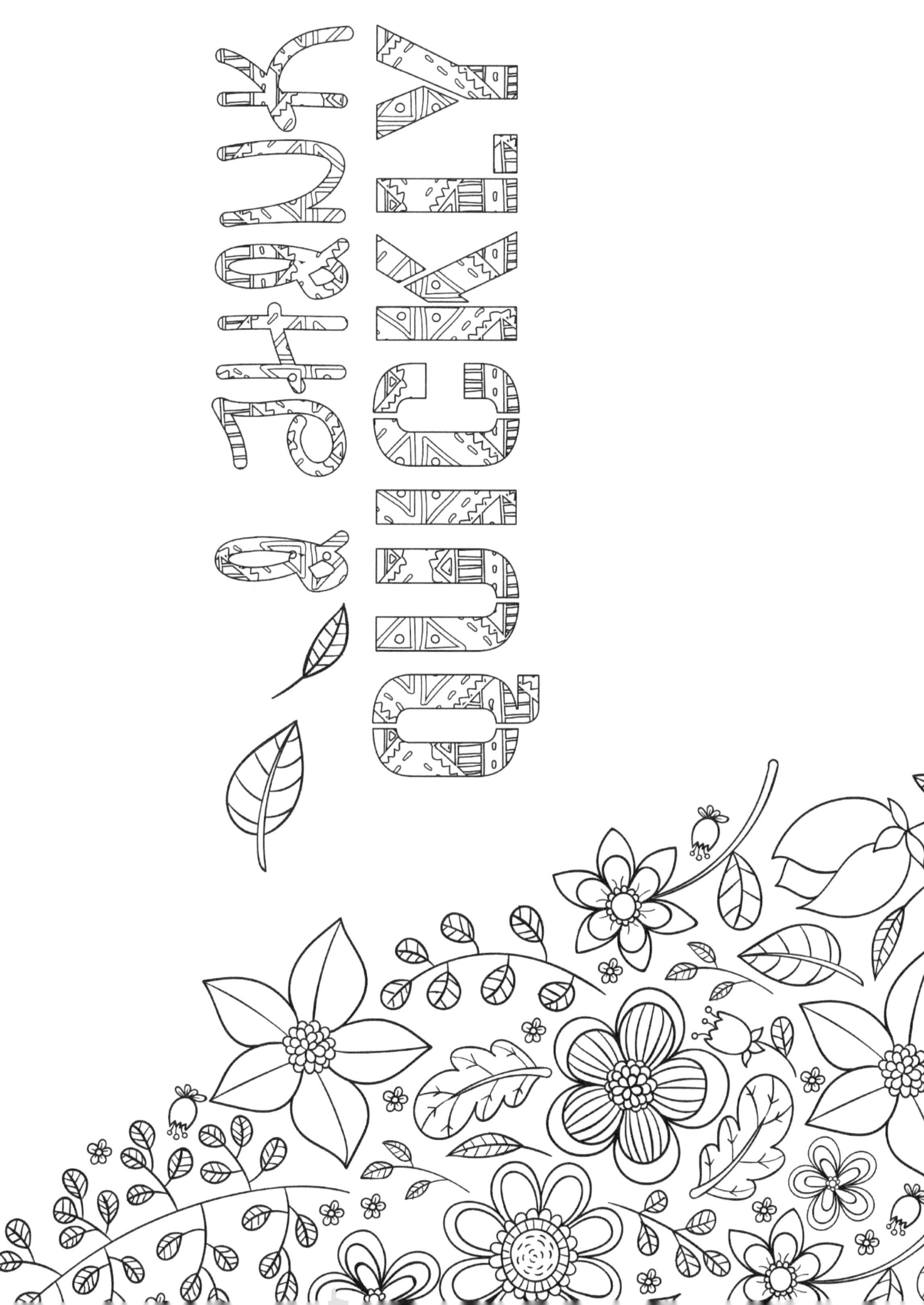

i AM FULL oF LiFE AND LiGHT

1-

2-

3-

4-

5-

*USE DIFFERENT COLORS

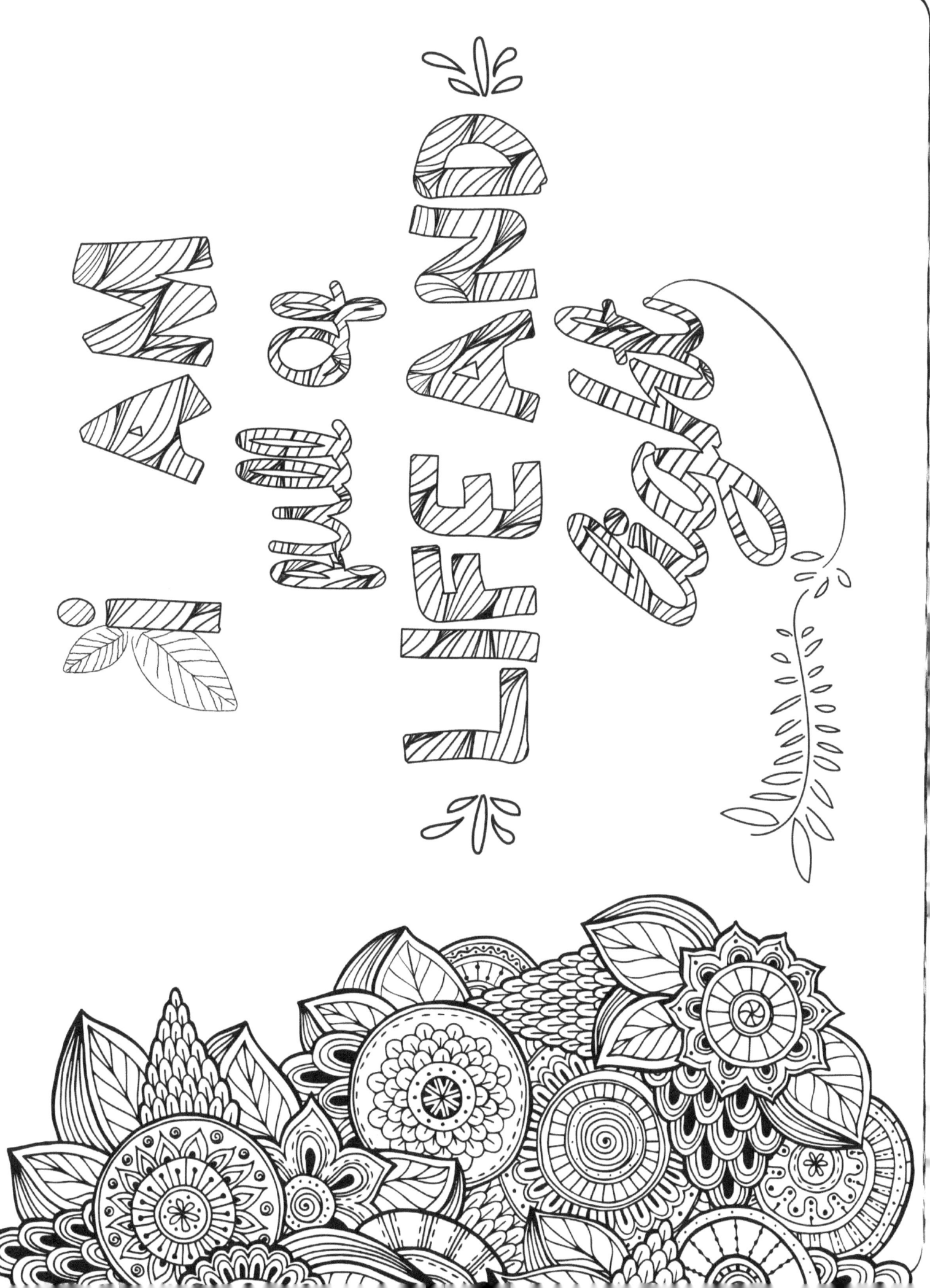

i THiNK CLEARLY

1-

2-

3-

4-

5-

*USE DIFFERENT COLORS

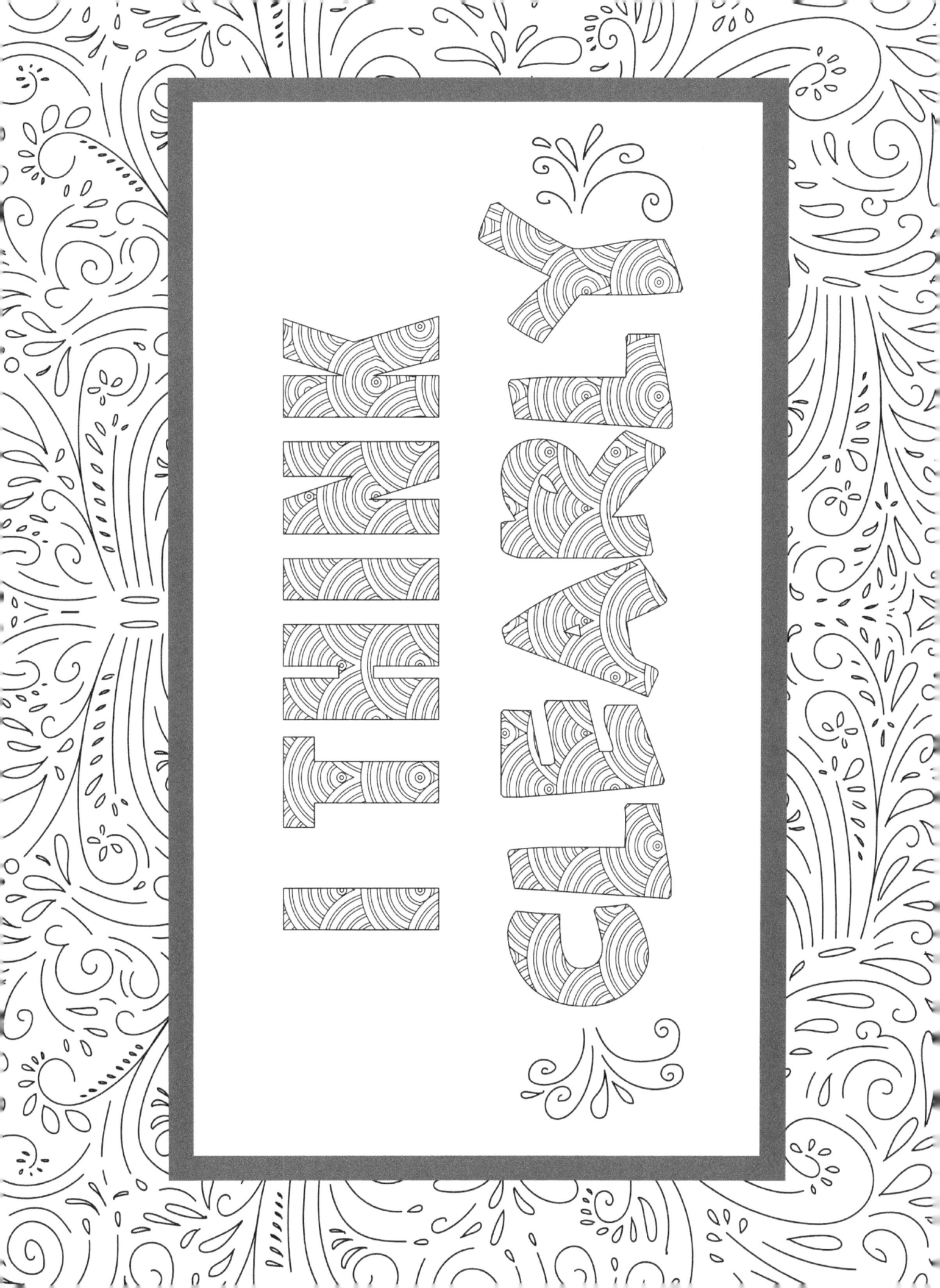

I THINK CLEARLY

¡ AM HAPPY TODAY

1-

2-

3-

4-

5-

*USE DIFFERENT COLORS

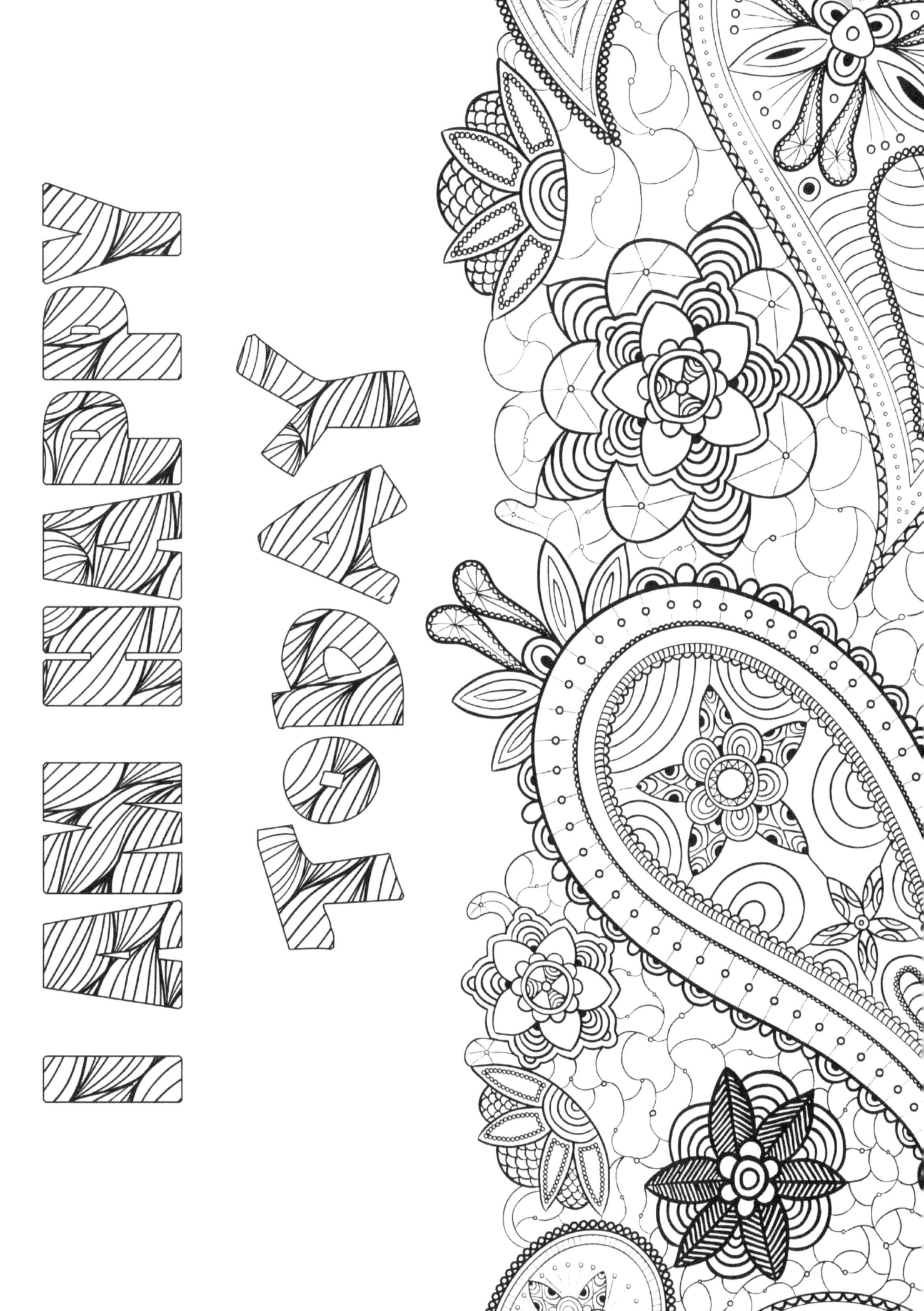

HAPPY TODAY

MY LIFE IS WONDERFUL

1-

2-

3-

4-

5-

*USE DIFFERENT COLORS

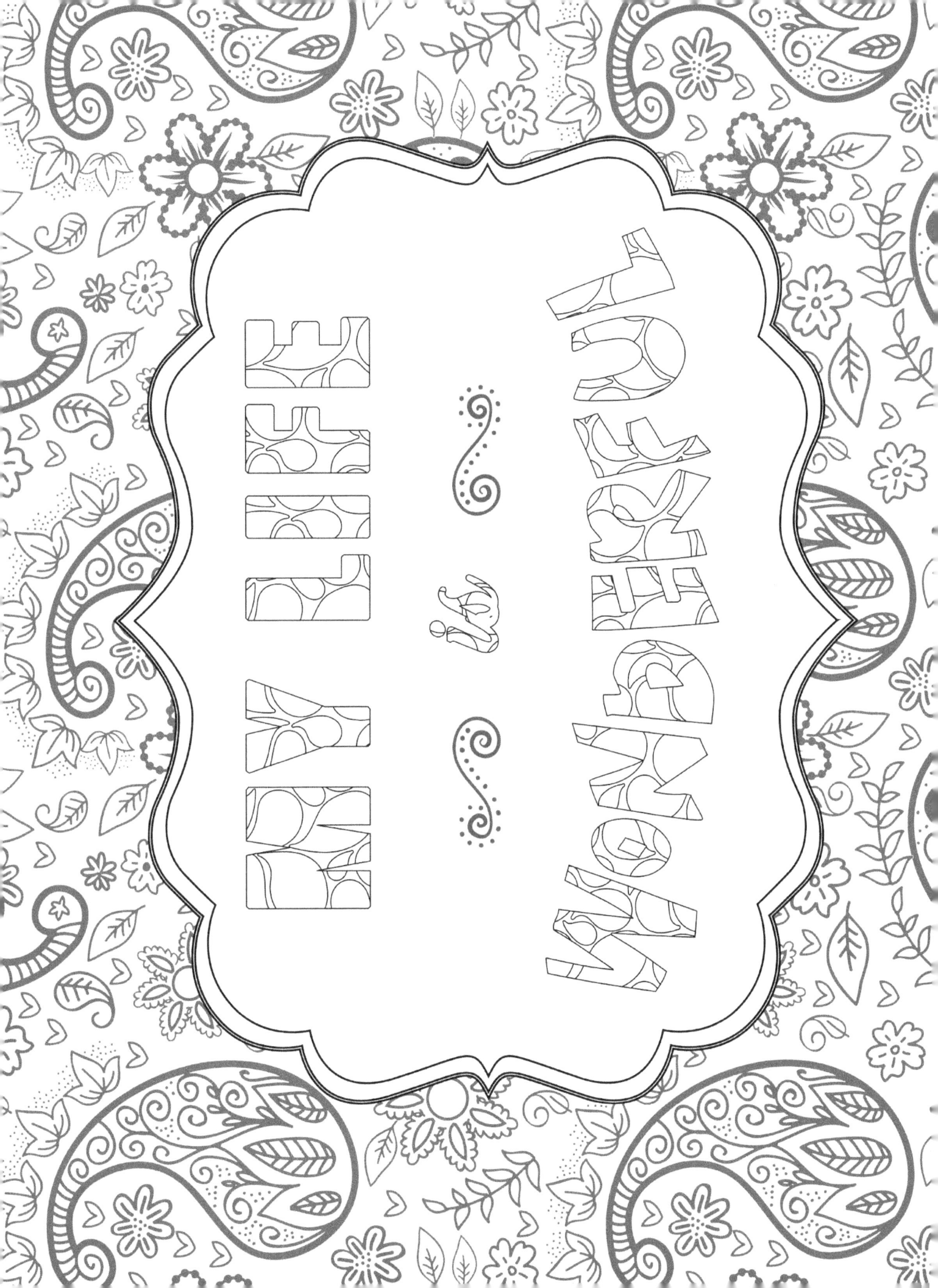

MY LIFE is WONDROUS TRANSFORMATION

i HAVE POSITIVE MIND

1-

2-

3-

4-

5-

*USE DIFFERENT COLORS

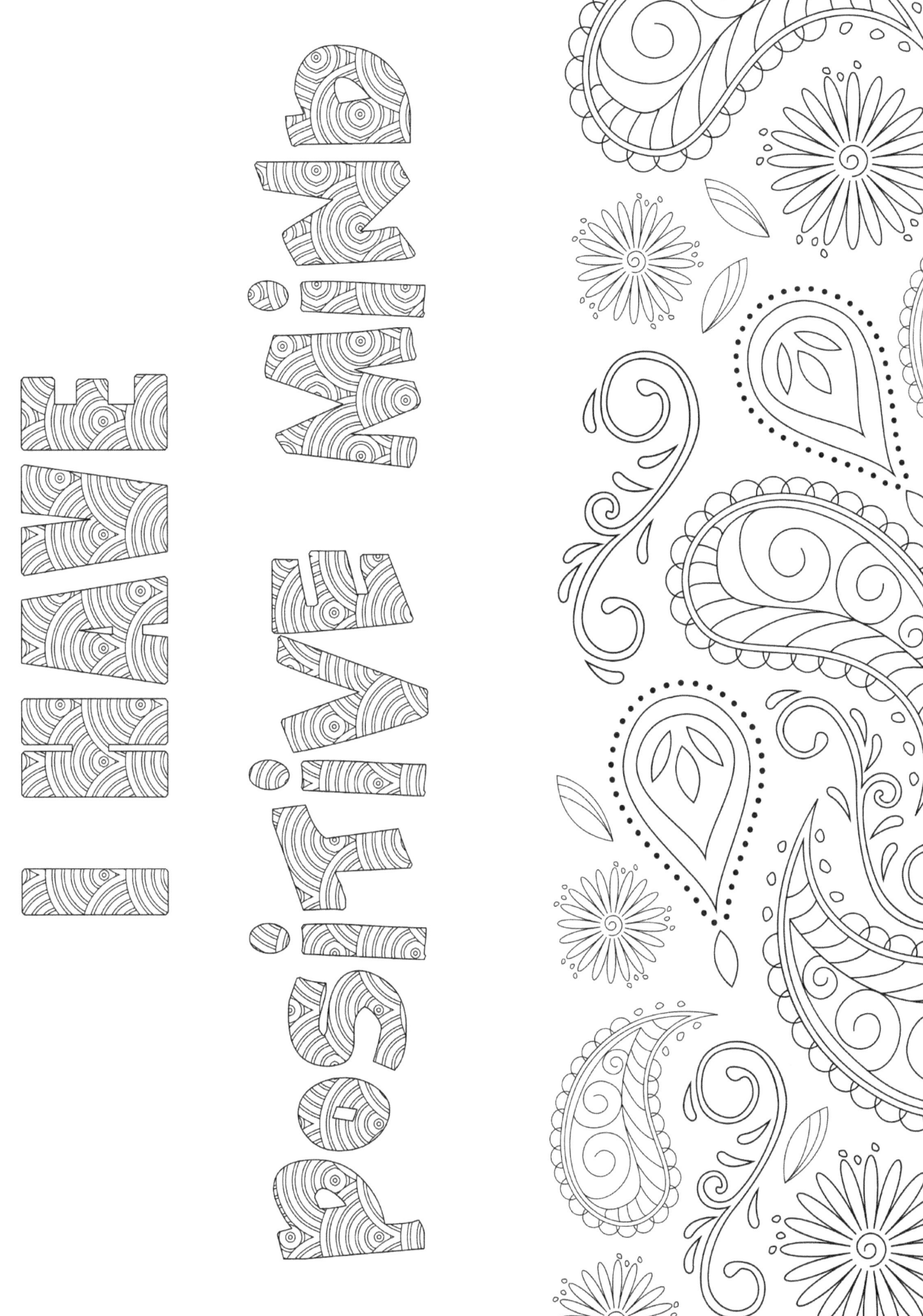

I HAVE A POSITIVE MIND

¡ FEEL POWER!

1-

2-

3-

4-

5-

*USE DIFFERENT COLORS

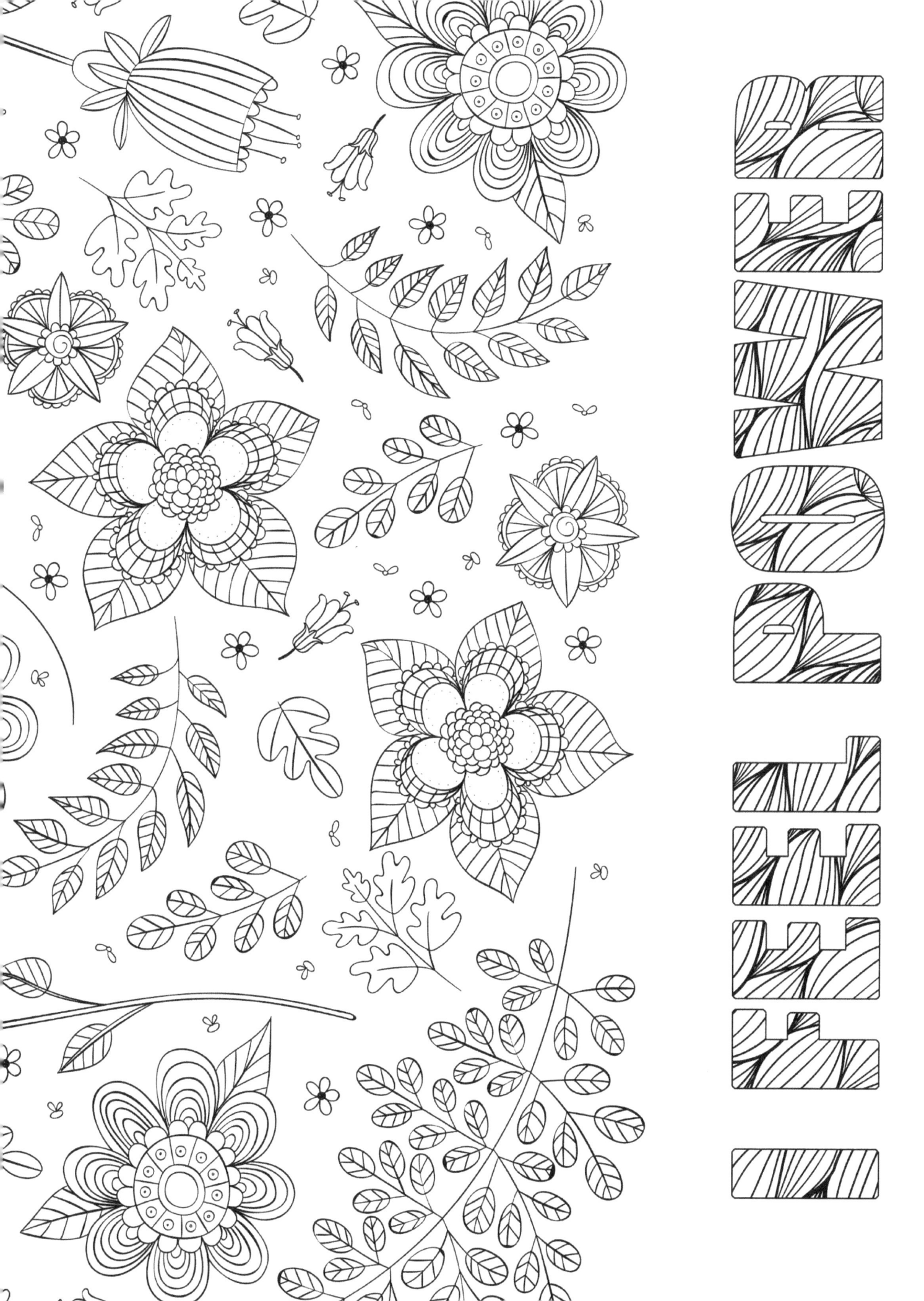

I FEEL POWERFUL

MY LIFE iS A SUCCESS

1-

2-

3-

4-

5-

*USE DIFFERENT COLORS

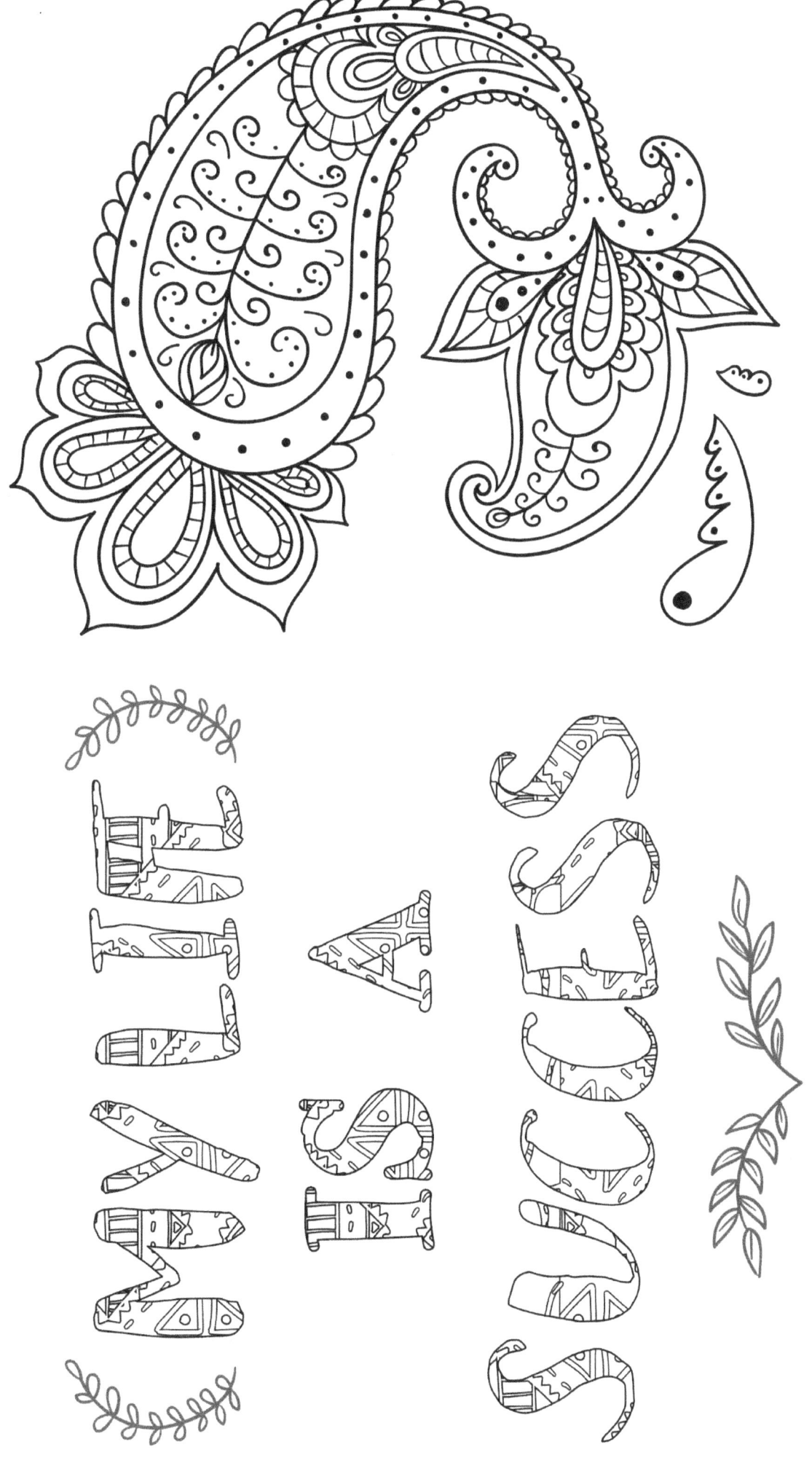

i AM AT PEACE WiTH MYSELF

1-

2-

3-

4-

5-

*USE DIFFERENT COLORS

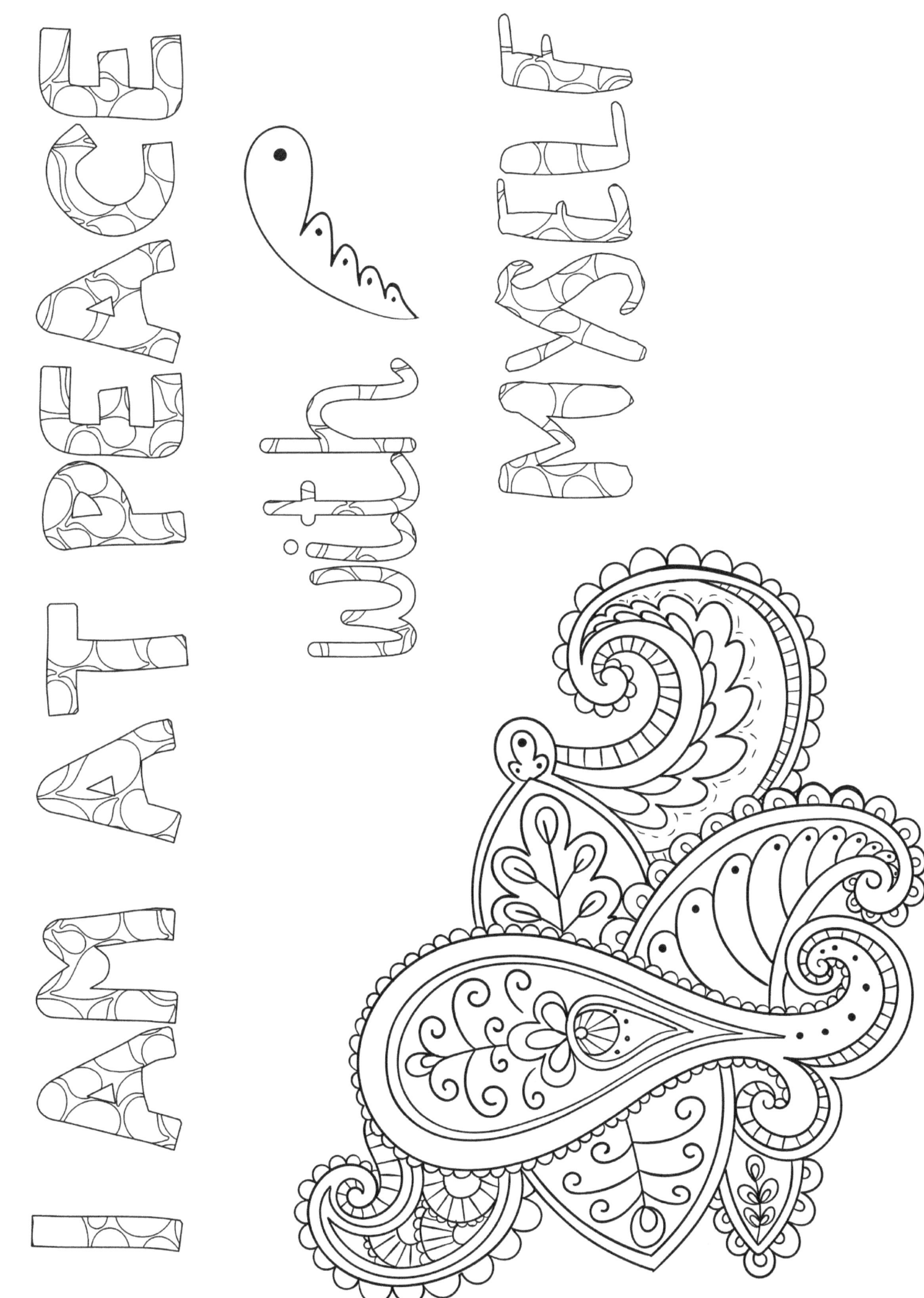

I AM AT PEACE with myself

MY LiFE iS A SUCCESS

1-

2-

3-

4-

5-

*USE DIFFERENT COLORS

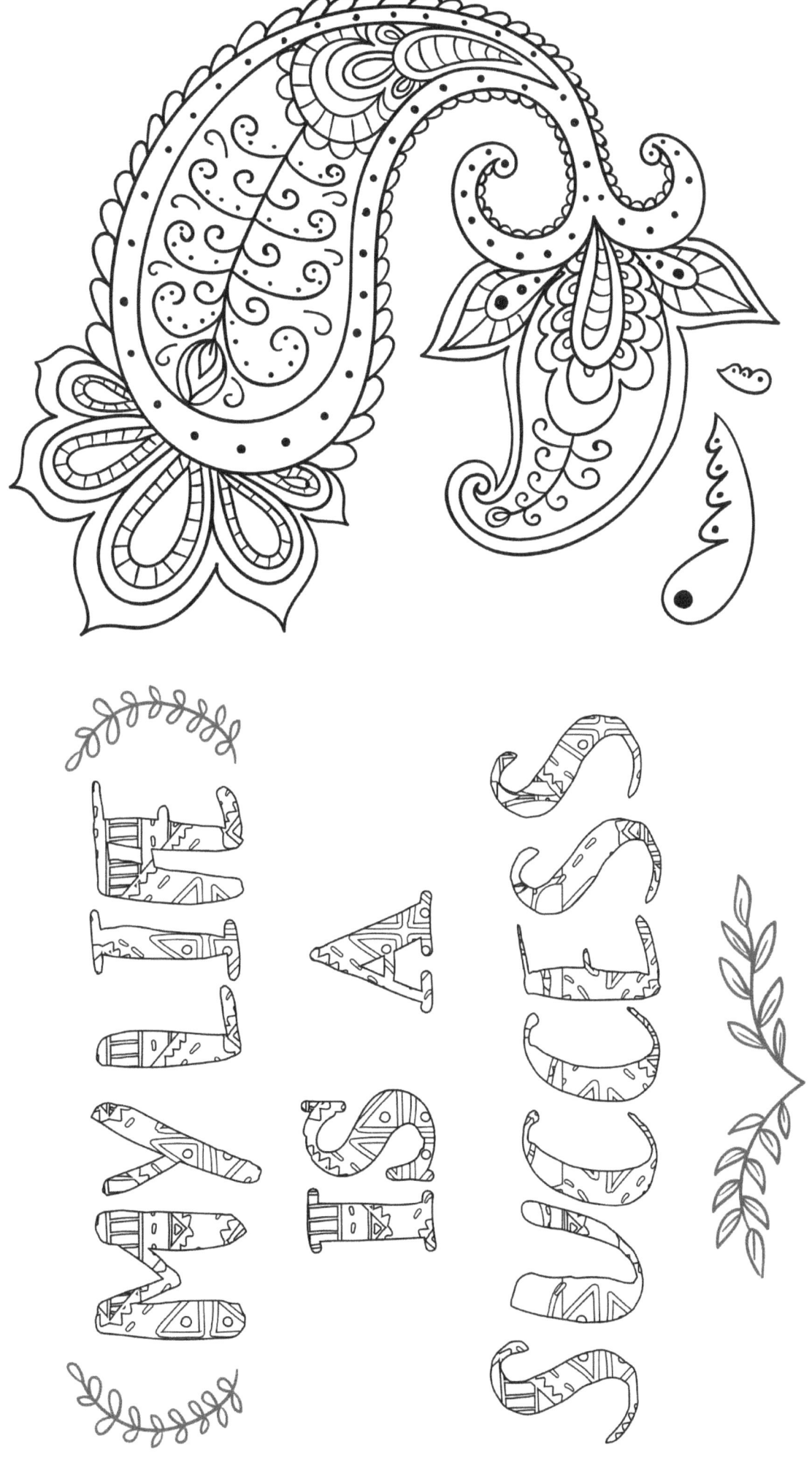

MY TEA IS MY SUCCESS

¡ AM FULL OF ENERGY

1-

2-

3-

4-

5-

*USE DIFFERENT COLORS

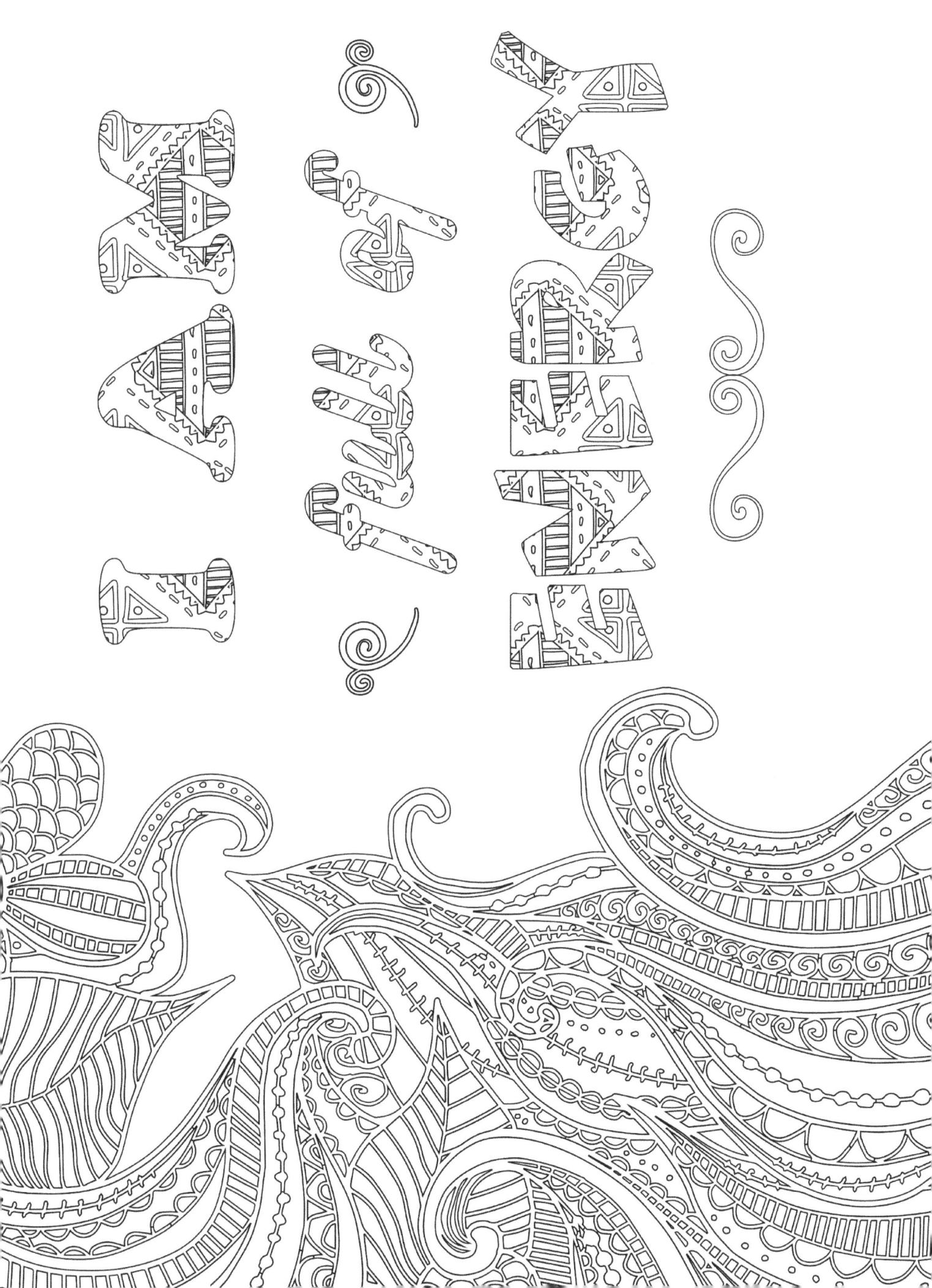

i AM HEALTHY AND WELL

1-

2-

3-

4-

5-

*USE DIFFERENT COLORS

I AM HEALTHY AND WELL

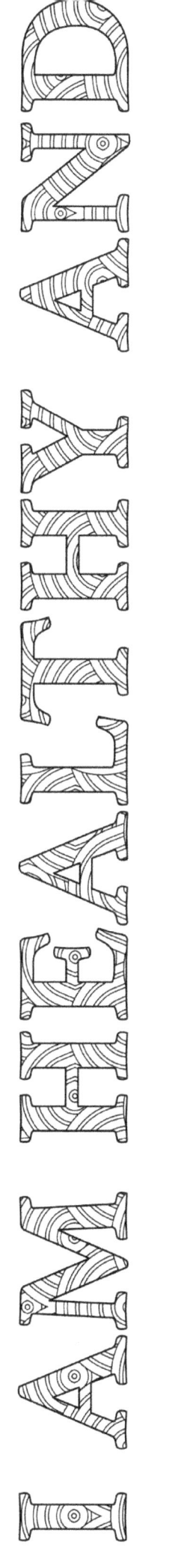

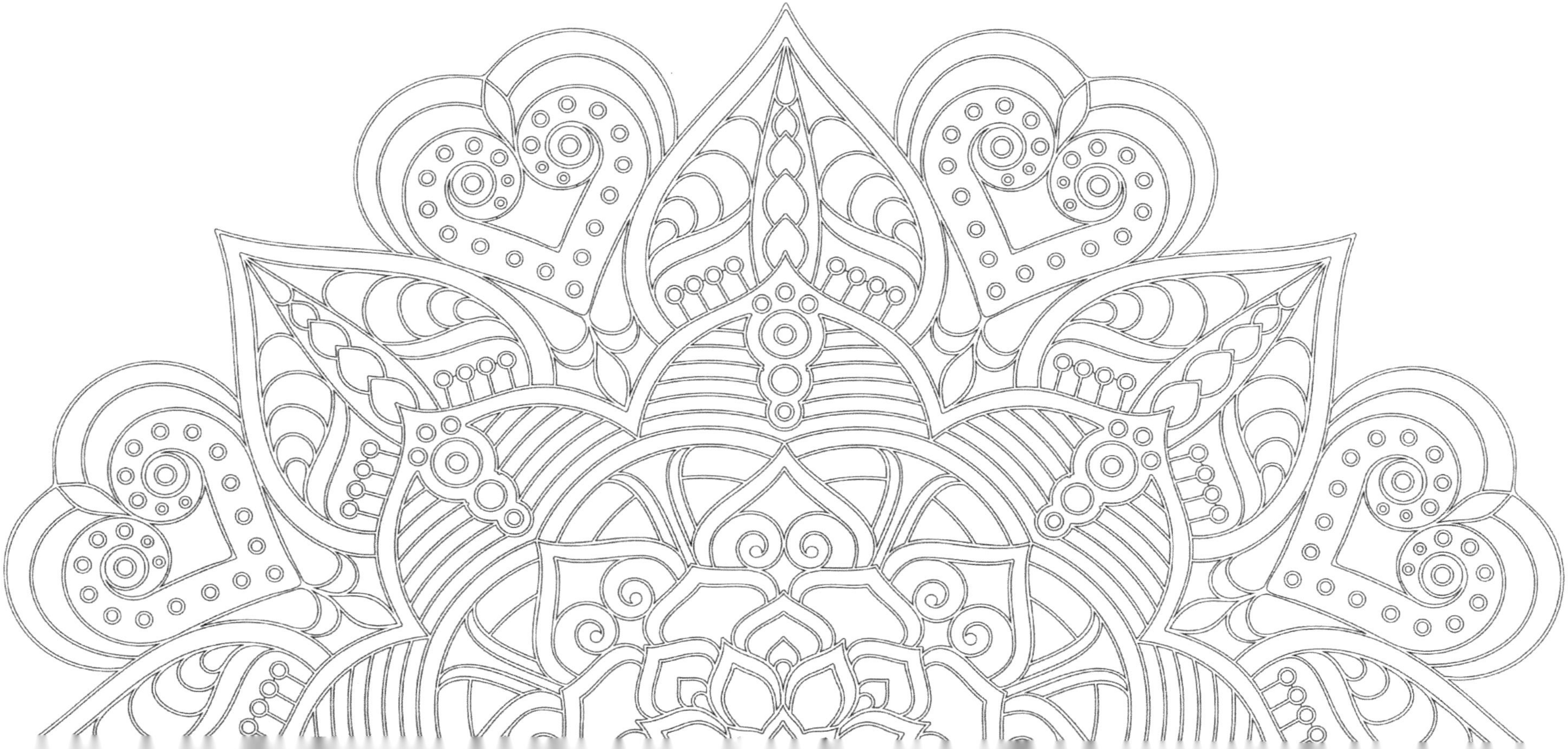

i FEEL HAPPY AND LUCKY

1-

2-

3-

4-

5-

*USE DIFFERENT COLORS

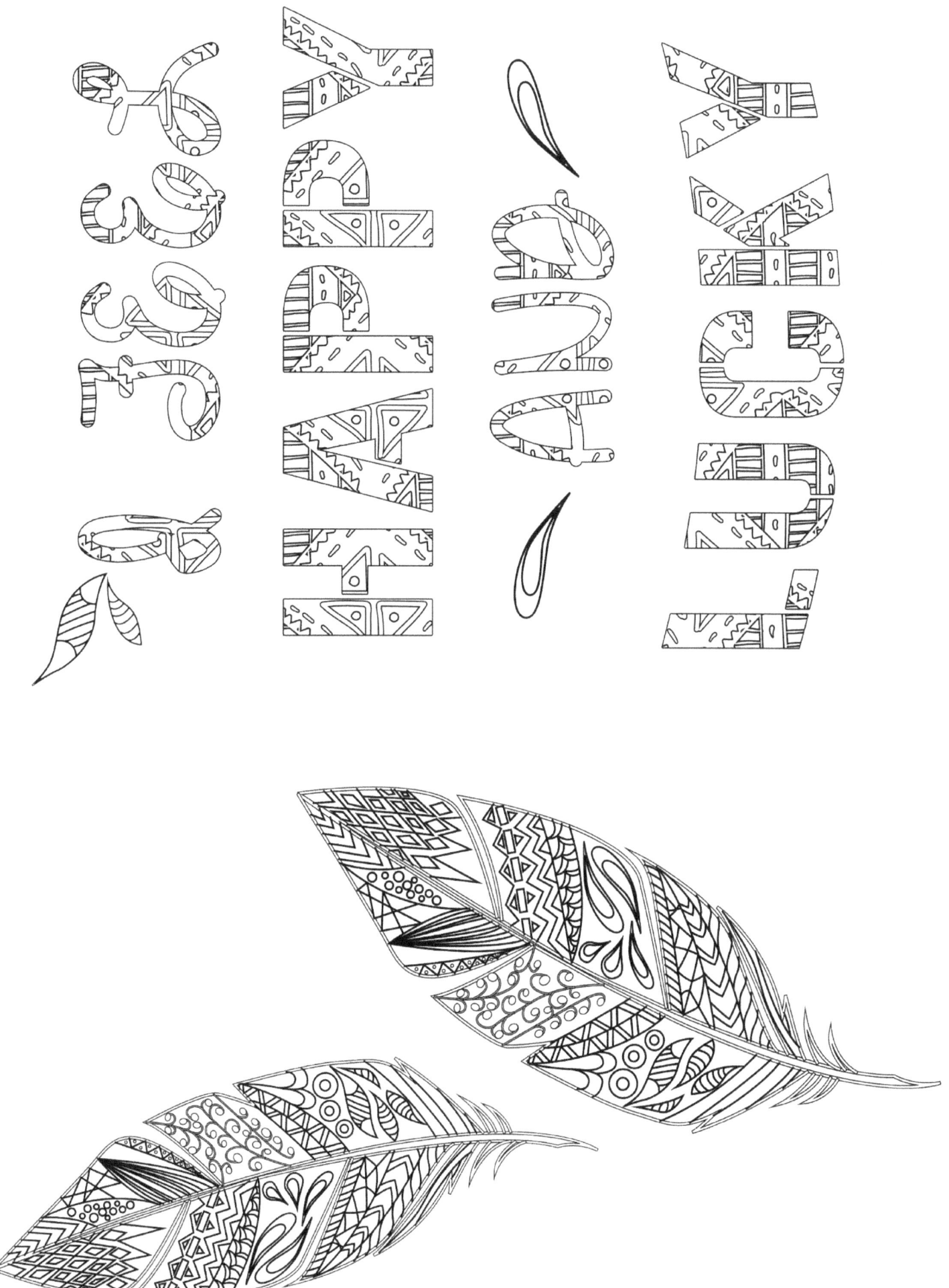

MY MiNd is FoCUSEd ANd CLEAR

1-

2-

3-

4-

5-

*USE DIFFERENT COLORS

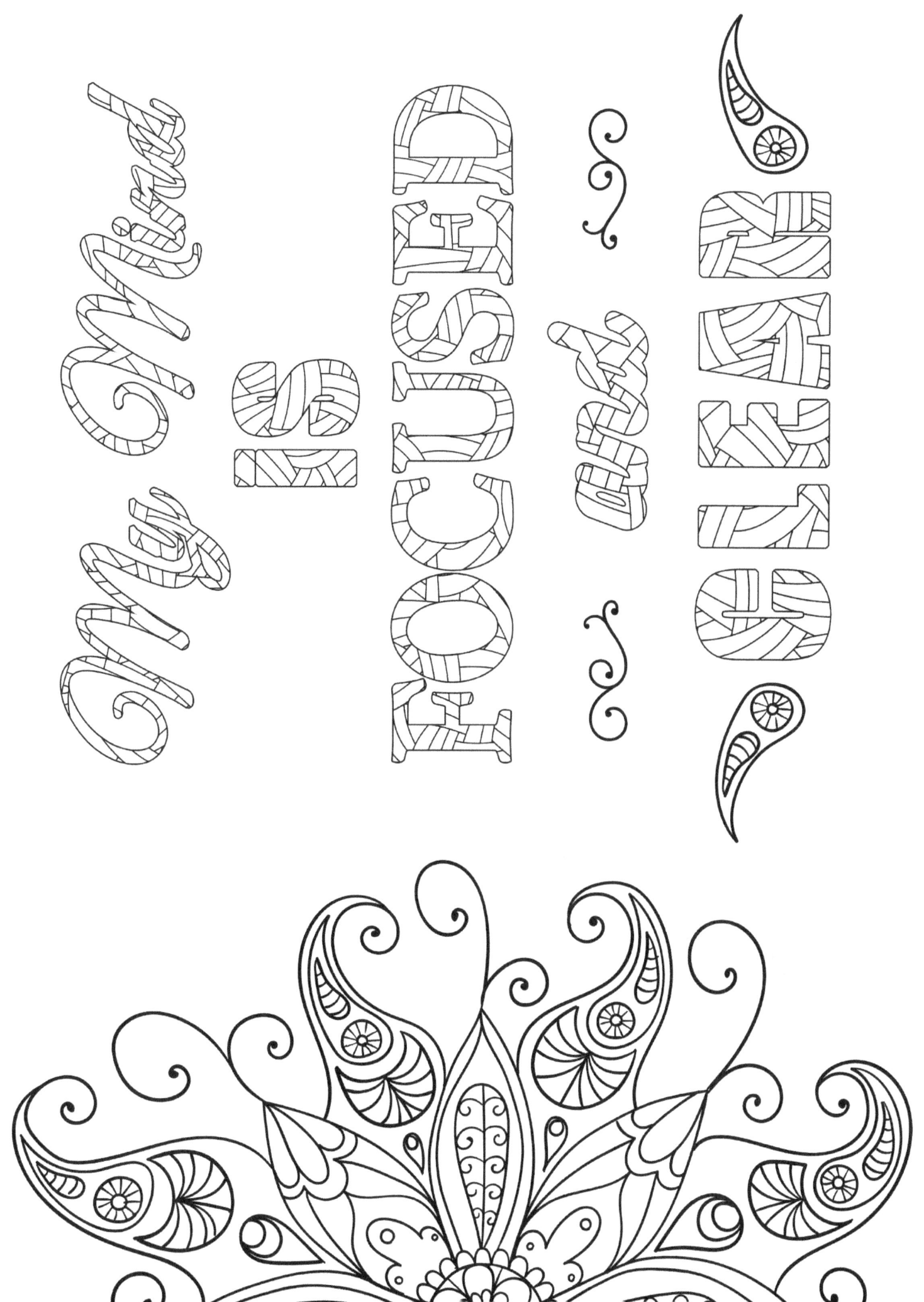

My Mind is FOCUSED and CLEAR

HAPPINESS IS MY SOLE MATE

1-

2-

3-

4-

5-

*USE DIFFERENT COLORS

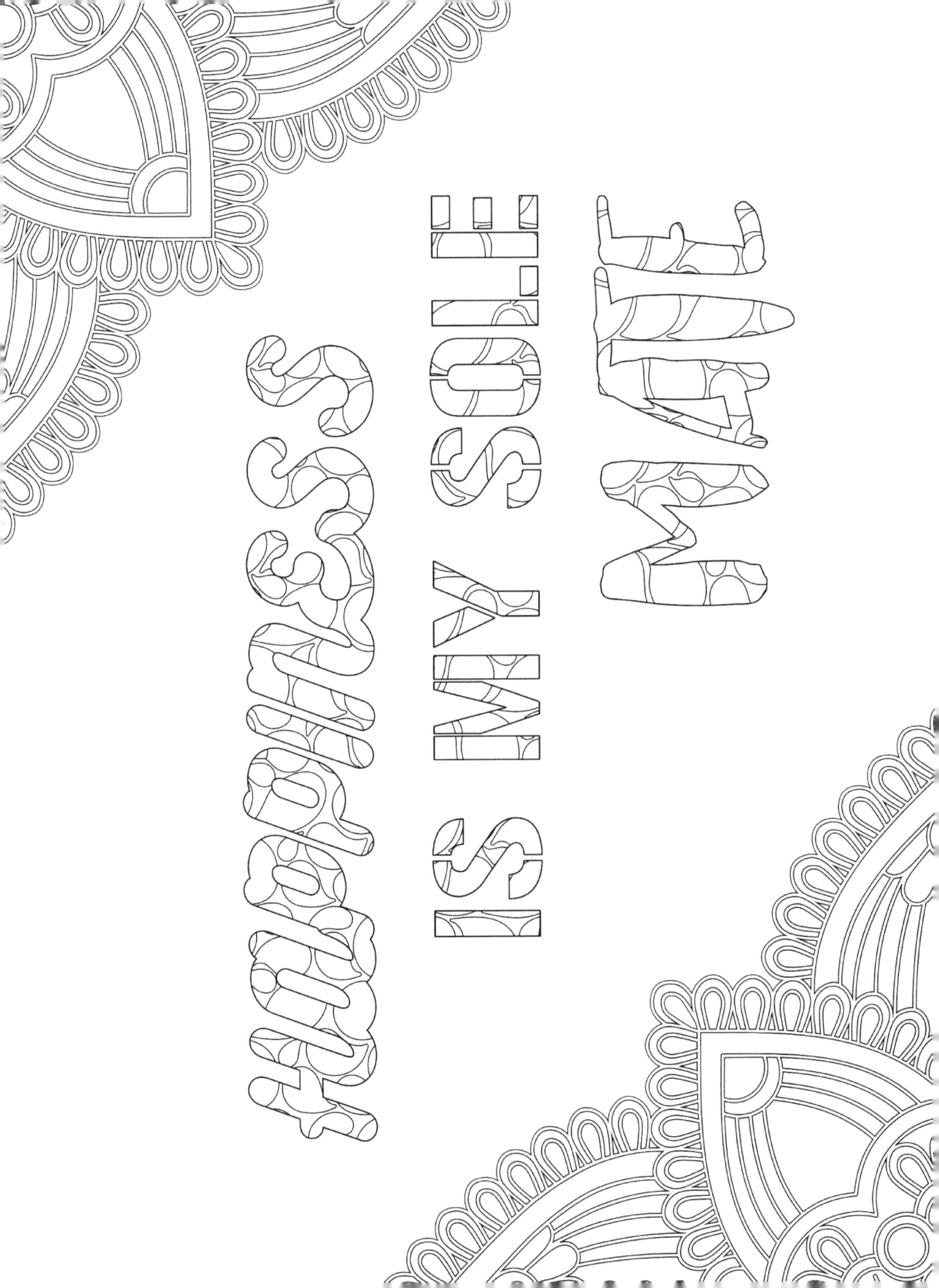

Happiness is my sole mate

i LEAD MY LiFE

1-

2-

3-

4-

5-

*USE DIFFERENT COLORS

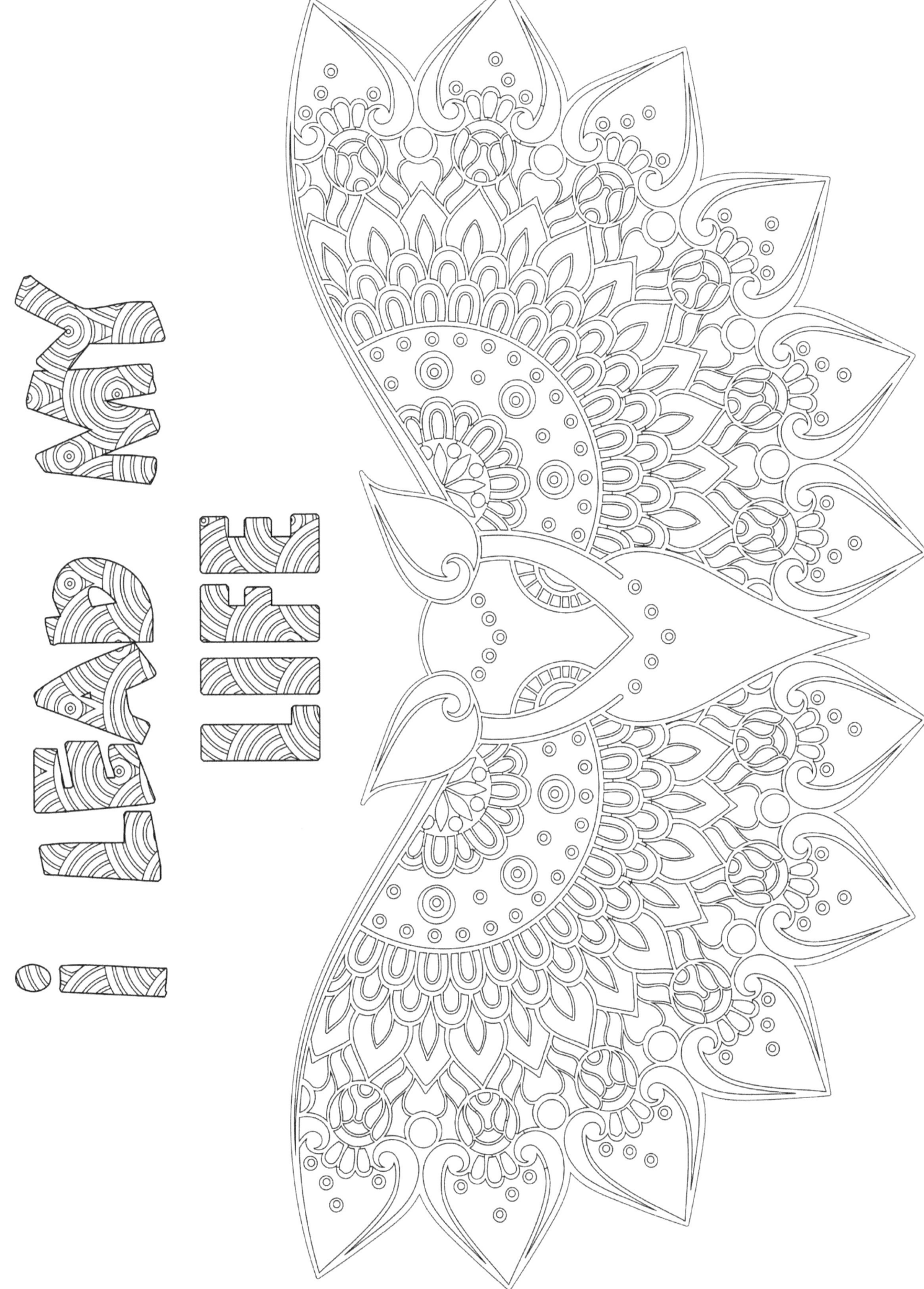

i LEARN
LIFE
ME

MY MIND IS AWAKE

1-

2-

3-

4-

5-

*USE DIFFERENT COLORS

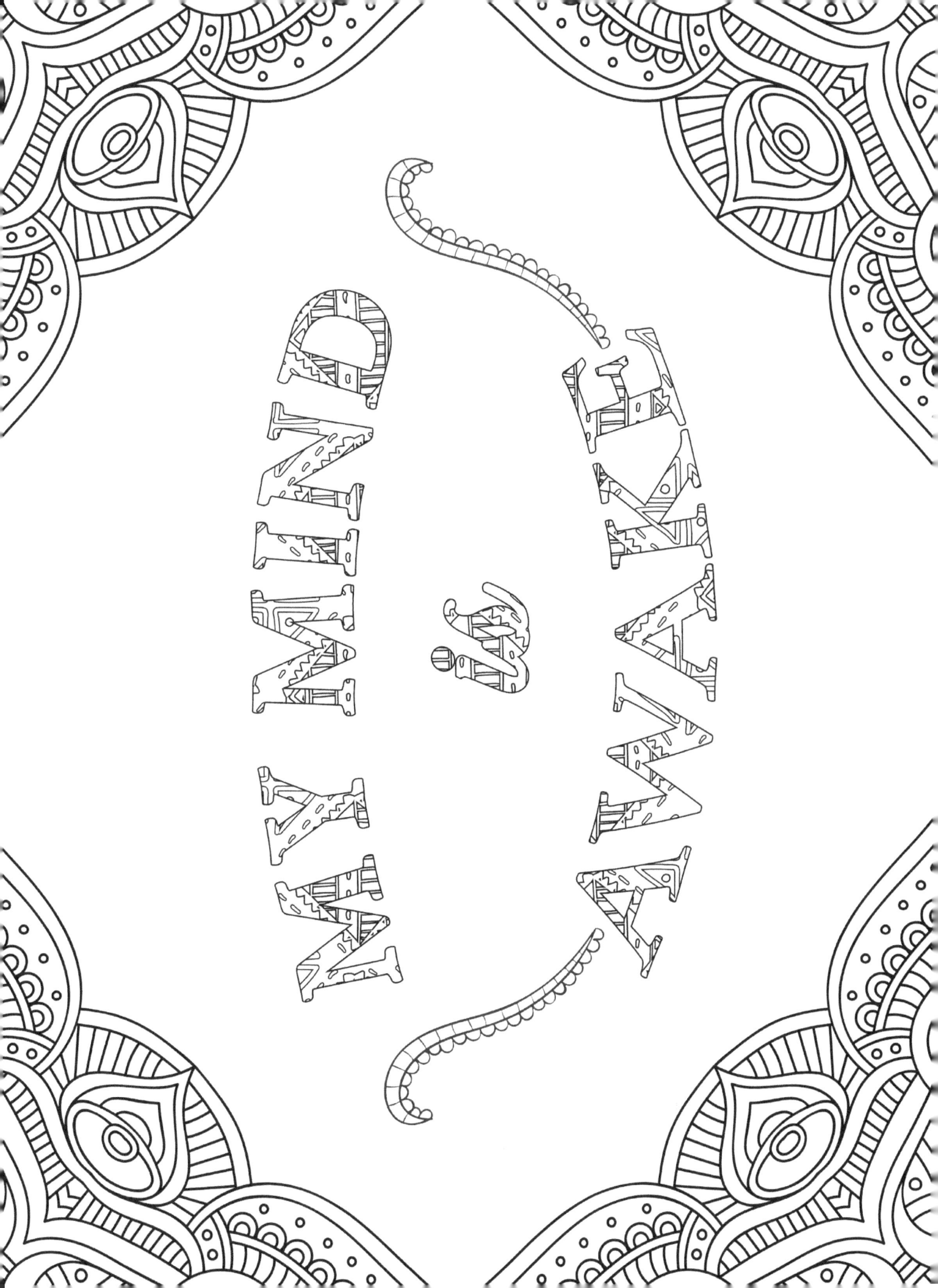

MY LIFE IS GREAT

1-

2-

3-

4-

5-

*USE DIFFERENT COLORS

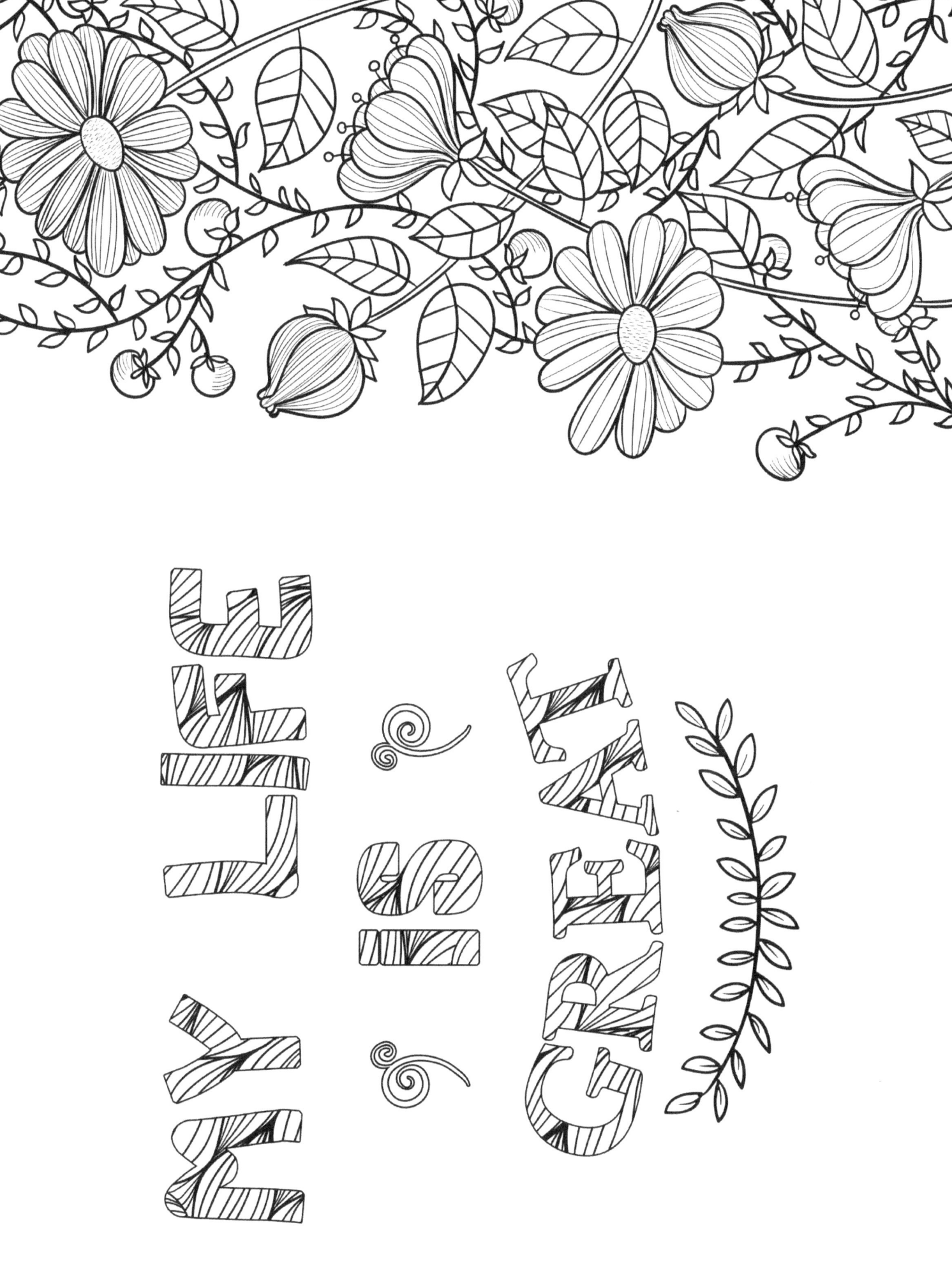

MY LIFE IS EVERY GREAT

i AM iN CoNTRoL oF MY LiFE

1-

2-

3-

4-

5-

*USE DIFFERENT COLORS

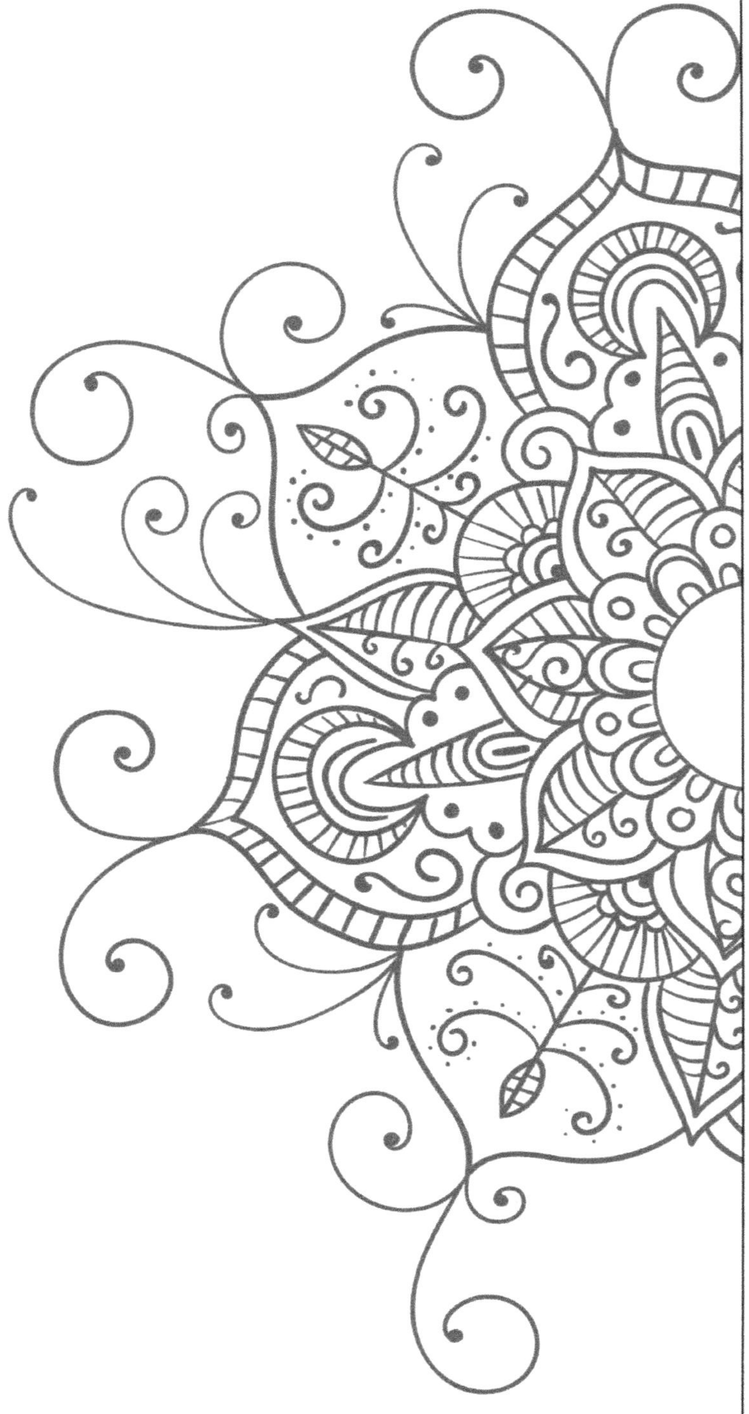

I AM in control of my life

i FEEL CALM

1-

2-

3-

4-

5-

*USE DIFFERENT COLORS

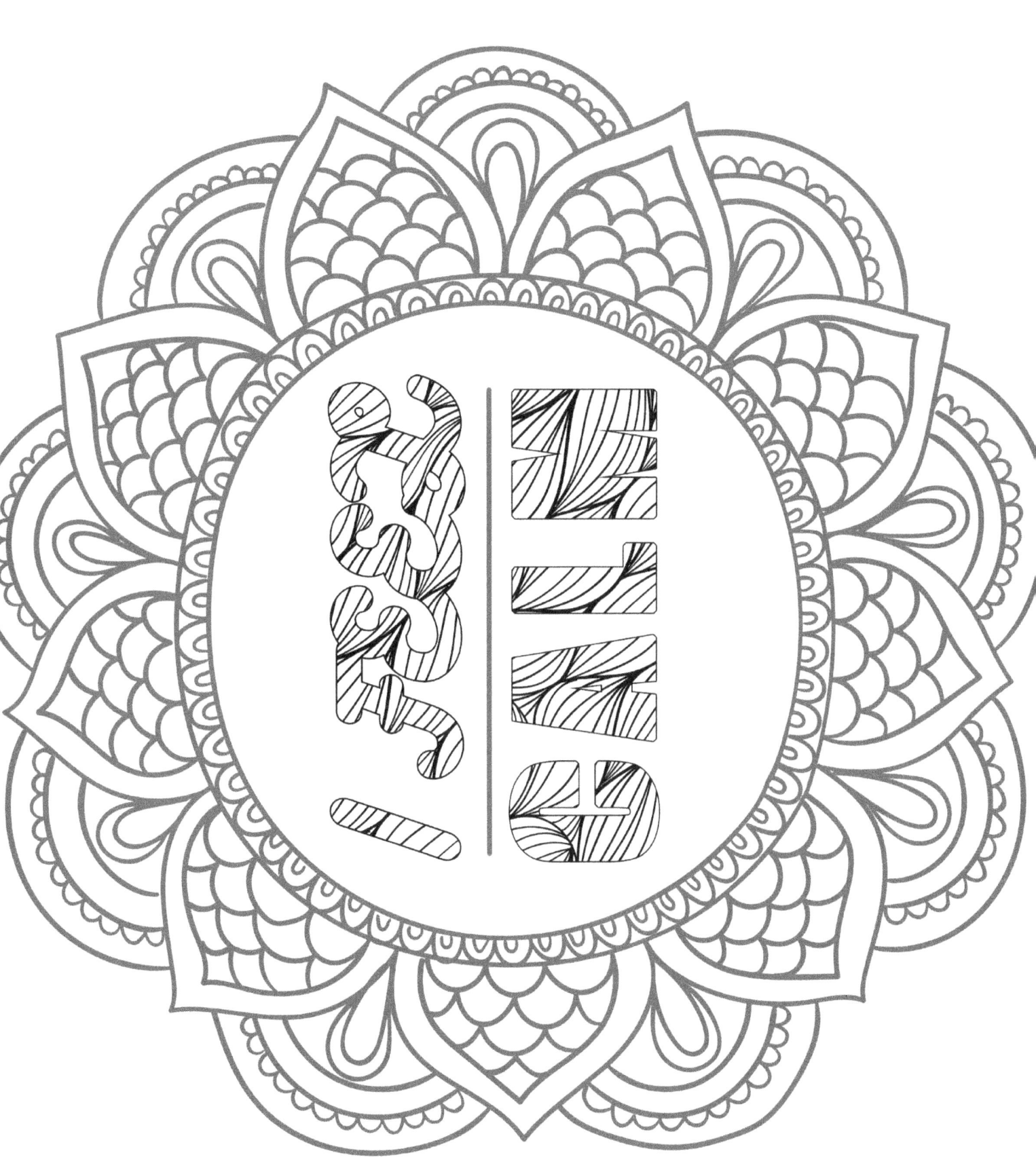

i AM SUCCESSFUL

1-

2-

3-

4-

5-

*USE DIFFERENT COLORS

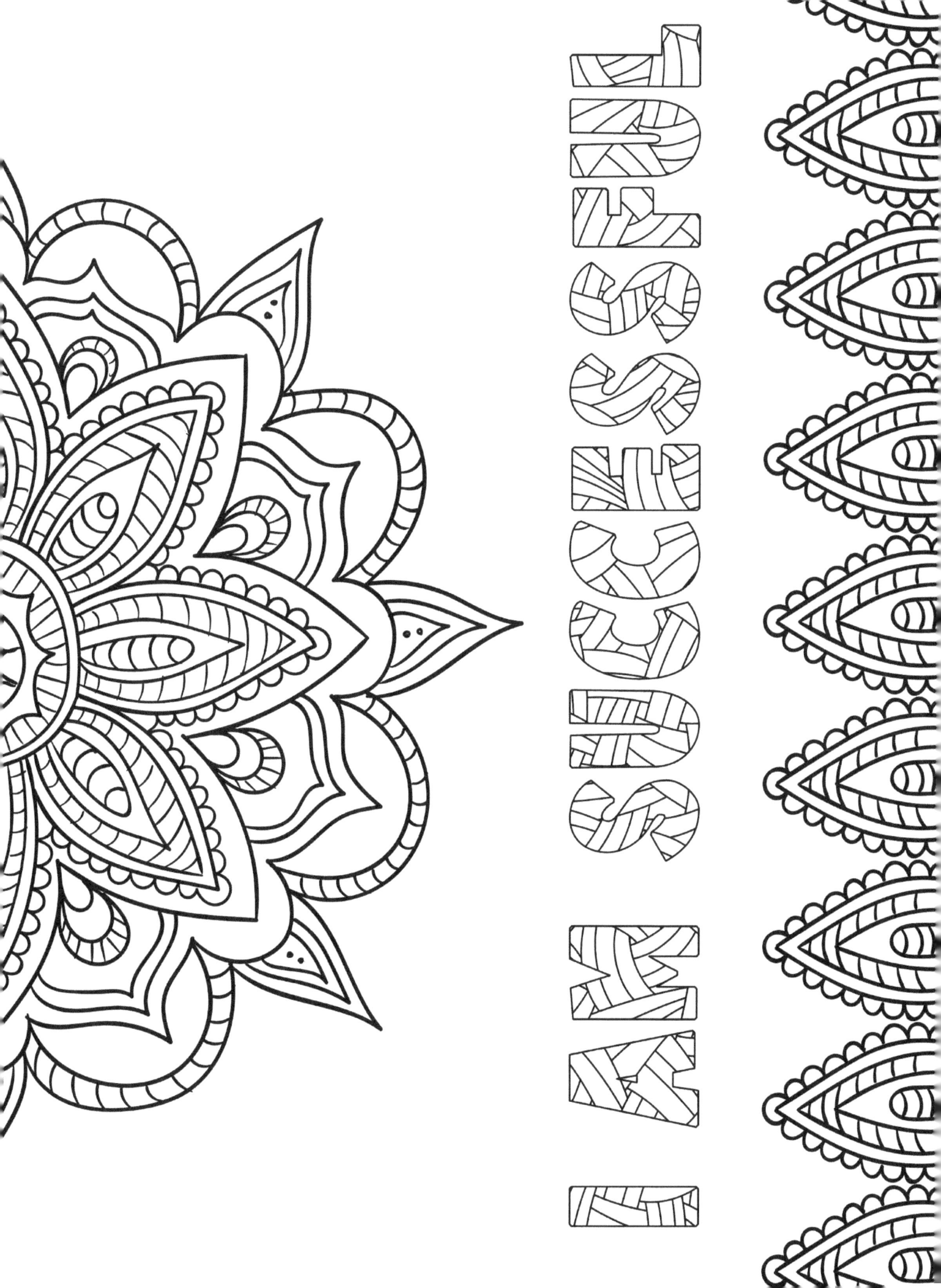

I AM SUCCESSFUL

¡ BREATH LiFE

1-

2-

3-

4-

5-

*USE DIFFERENT COLORS

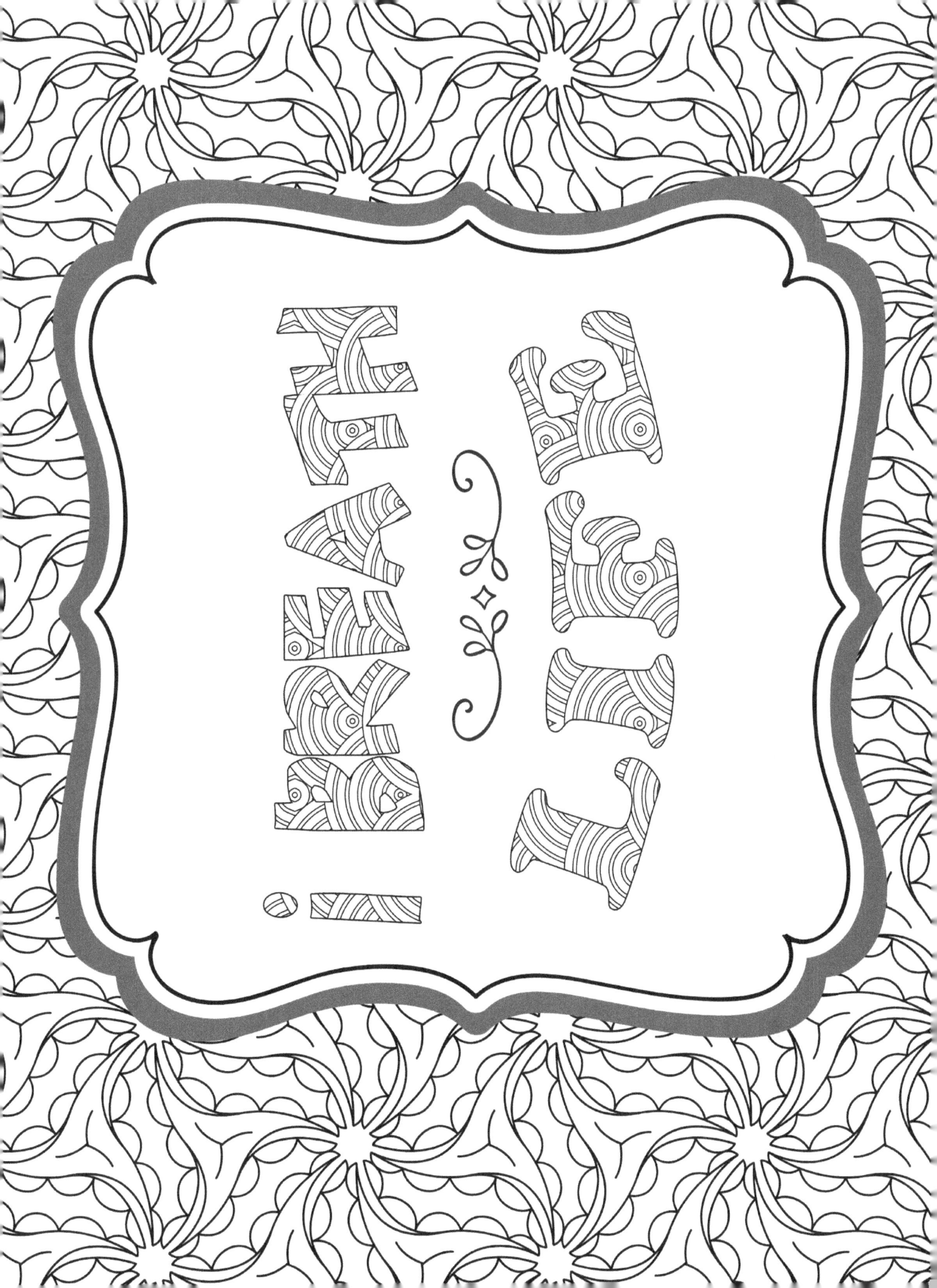

i AM A WiNNER

1-

2-

3-

4-

5-

*USE DIFFERENT COLORS

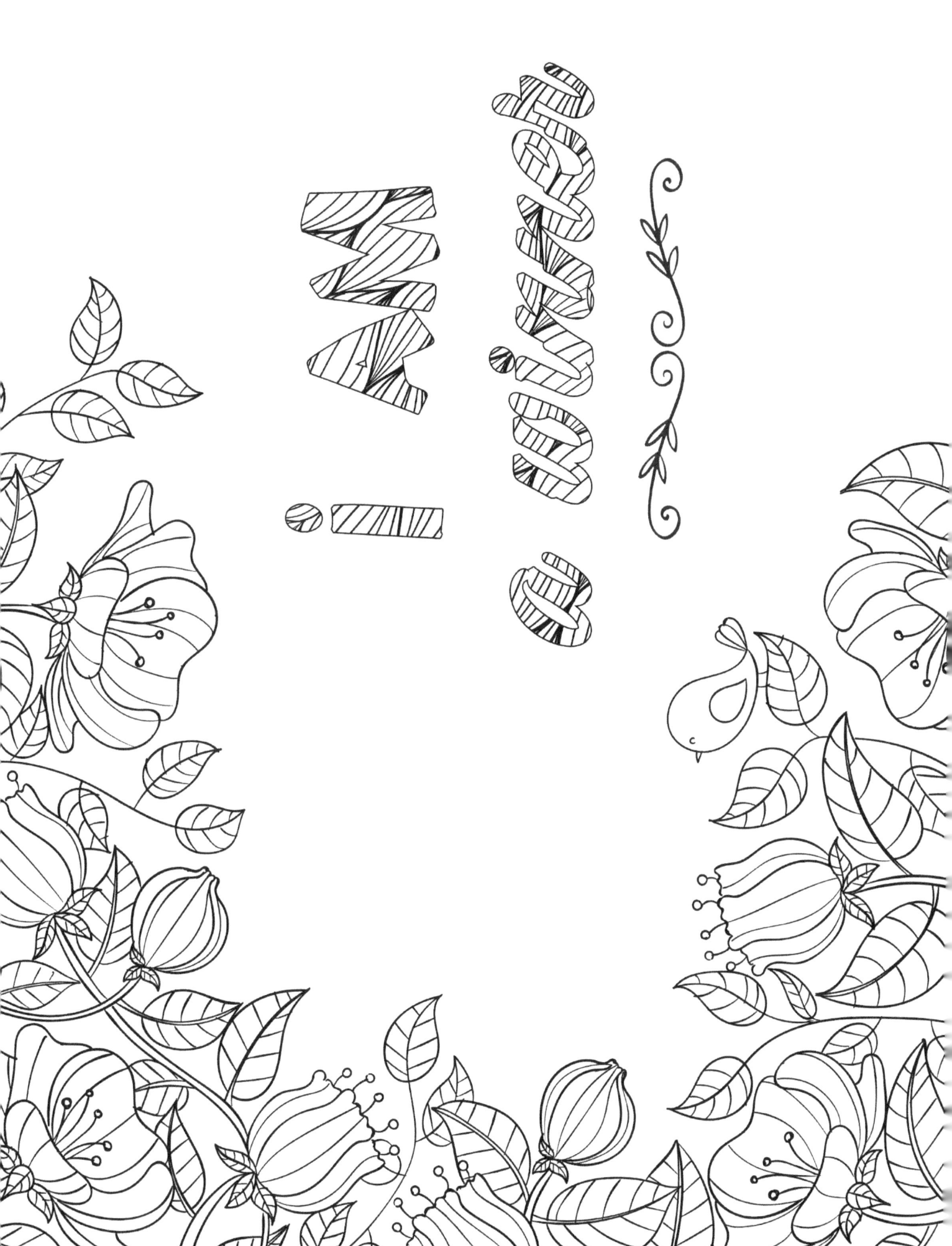

www.ingramcontent.com/pod-product-compliance
Lightning Source LLC
Chambersburg PA
CBHW081132180526
45170CB00008B/3082